La infantería mecanizada alemana en combate en Afganistán

Marcel Bohnert & Andy Neumann

AF237705

La infantería mecanizada alemana en combate en Afganistán

Marcel Bohnert & Andy Neumann

2023

Editorial de los veteranos alemanes
(GermanVeteransPublishing/DeutscherVeteranenVerlag/
Maison d'édition des anciens combattants)

Bibliografische Information der Deutschen Nationalbibliothek
Die Deutsche Nationalbibliothek verzeichnet diese Publikation in
der Deutschen Nationalbibliografie; detaillierte bibliografische
Daten sind im Internet über www.dnb.de abrufbar.

Editor: Marcel Bohnert www.Marcel-Bohnert.de
© 2023, GermanVeteransPublishing (GVP): Berlin.
DeutscherVeteranenVerlag/Maison d´éditions des anciens
combattants/Editorial de los veteranos alemanes
www.VeteranenVerlag.de

Traducción
Daniel Moncayo, Passau (Alemania)

Asistencia con la Traducción
Gonzalo Díez Obis, Madrid (España)
David Castro Lotero, Passau (Alemania)
Lena Pütz, Colonia (Alemania)
Elaina Sophie Kroll, Neuss (Alemania)

Ilustraciones
Nathalie Falkowski, Hamburgo (Alemania)
Todas las imágenes
Soldados de la 2ª compañía de infantería de la Task Force
Kunduz III
Portada del libro
1 de septiembre de 2011, Chahar Dara , Kunduz, Afganistán

Herstellung und Verlag: BoD – Books on Demand, Norderstedt

Printed in Germany

ISBN 978-3-753-490748

Dedicado a los veteranos y las veteranas de combate
de las Fuerzas Armadas Alemanas

Tabla de contenido:

(1) Prólogo: «Operación Compuerta»[1]
(Kunduz, Afganistán, septiembre de 2011)

El 9 de septiembre es un día que muchos de nosotros recordaremos por mucho tiempo. También tiene un significado especial para muchos afganos: este día se conmemora a nivel nacional a Ahmad Shah Massoud. Este personaje perteneciente a la etnia tayika, quien participó en la lucha contra el ejército soviético a principios de la década de 1990, se convirtió en una leyenda como líder de los combatientes de la muyahidín, y más tarde se convirtió en una figura que simbolizaría la resistencia contra los talibanes. El 9 de septiembre de 2001, Massoud murió en un ataque perpetrado por dos terroristas suicidas disfrazados de periodistas. Poco después fue declarado oficialmente héroe nacional por el presidente afgano.

Exactamente diez años después, comenzaban a escucharse los motores de los vehículos tácticos y de combate de infantería alemanes en la provincia de Kunduz al norte de Afganistán. La Bundeswehr[2] llevaba casi ya una década involucrada en la guerra en el Hindú Kush[3]. Con el tiempo, la misión de la ISAF[4]

---

[1] «Operation Tür»
[2] Las Fuerzas Armadas de la República Federal de Alemania.
[3] Macizo montañoso entre Afganistán y el noroeste pakistaní.

(Fuerza Internacional de Asistencia para la Seguridad en Afganistán) había dejado de ser una operación meramente humanitaria de estabilización para convertirse en una misión de combate que estaba cobrando bajas entre los miembros de la Bundeswehr y demás aliados. En 2010, el entonces mayor general Hans-Werner Fritz activó batallones alemanes de entrenamiento y protección que debían operar en primera línea como dos fuerzas de tarea completamente equipadas: la Task Force Kunduz y la Task Force Mazar-e Sarif. Fue solo hasta cuando estas dos fuerzas fueron implementadas que la evolución de las amenazas comenzó a tenerse en cuenta, también a nivel táctico.

Como parte de la Task Force Kunduz III, nuestro equipo inició la "Operación Compuerta" en las primeras horas de la mañana del 9 de septiembre de 2011 en el conflictivo distrito de Chahar Dara. Nuestro objetivo era recuperar dos puertas de un vehículo del tipo ATF-Dingo[5] que habían quedado

---

[4] ISAF: Siglas en inglés para "International Security Assistance Force". Activa entre 2001 y 2014. Entre 2015 y 2021, la ISAF fue reemplazada por la Misión Apoyo Decidido, o RSM por sus siglas en inglés.

[5] ATF: Siglas en alemán para "Vehículo de Transporte con Protección Total". Un vehículo blindado alemán de uso militar.

abandonadas en la pequeña localidad de Isa Khel después de los combates del Viernes Santo de 2010. Éstas habían sido testigos de aquel sangriento día en el que tres soldados alemanes perdieron la vida en violentos combates y muchos otros resultaron heridos. Junto al bombardeo de Kunduz en septiembre de 2009, el Viernes Santo de 2010 es considerado como una profunda ruptura y un punto de inflexión en la manera en la que la opinión pública percibía el despliegue militar alemán en Afganistán.

El pelotón de infantería reforzado Bravo, compuesto por fuerzas montadas y desmontadas, se encontraba ahora en el lugar del atentado. A pesar de la temprana hora de la mañana, el termómetro ya marcaba más de 40°C, y los soldados cargados con un pesado equipo, avanzaban hacia la pequeña población. Los especialistas en explosivos sondeaban el suelo en busca de trampas mientras, bajo su protección, los vehículos blindados avanzaban gradualmente siguiendo la orilla del río hacia el lugar donde las fuerzas de infantería habían descubierto las compuertas varias semanas atrás. Las fuerzas desmontadas llevaban a cabo labores de inteligencia con la población local y aseguraban el avance de los vehículos de combate en todas las direcciones. Hacia las 10:30 horas, poco después de la ardua recuperación de las puertas que pesaban varios cientos de kilos, la compañía fue informada de que un destacamento de exploradores del escuadrón de reconocimiento había recibido un ataque con un IED[6] (artefacto explosivo improvisado) en la denominada "meseta alta occidental" cerca de la pequeña ciudad de Nawabad, y que soldados alemanes habían resultado heridos. La operación en Isa Khel fue interrumpida de inmediato para llevar a cabo una pausa de coordinación en el punto llamado "Colina 432" durante la cual se integraron fuerzas de apoyo vitales al pelotón de infantería mecanizada Charlie. Inmediatamente después, las fuerzas alertadas se desplegaron a toda velocidad hacia el lugar del ataque, a casi diez kilómetros de distancia. El VCI[7]-Marder que se encontraba al frente del convoy se sobrecalentó y se averió en un punto crítico poco antes de llegar a la "meseta alta occidental". El Marder que seguía detrás lo apartó de la carretera a pesar del riesgo de dañar su sistema de refrigeración, permitiendo así que el convoy avanzara rápidamente. Durante nuestro desplazamiento fuimos escoltados por helicópteros Black Hawk estadounidenses que, posteriormente, aterrizaron a unos pocos cientos de metros del lugar del atentado para evacuar a un herido. Como suele ser el caso, aterrizaron en una "zona de alto riesgo", lo

---

[6] IED: Siglas en inglés para "Improvised Explosive Device".

[7] VCI: vehículo de combate de infantería blindado.

que significaba comprometer de forma significativa su propia seguridad; sin embargo, ésa era la única manera de asegurar un tratamiento médico rápido a los afectados.

Después de que los VCI establecieran un perímetro defensivo en el lugar del ataque, nuestros especialistas en desactivación de explosivos fueron desplegados para minimizar la amenaza de IED secundarios. El equipo de recuperación, que fue llevado desde el campamento de Kunduz, cargó los restos del vehículo de reconocimiento en un vehículo transportador de equipo pesado para luego retirarse bajo nuestra atenta vigilancia. Contrario al plan operativo inicialmente previsto para la compañía, el pelotón Bravo se dispuso a pasar la noche en la "meseta alta occidental" y, a pesar de tener una visibilidad reducida, realizó patrullajes de reconocimiento ligero en las afueras de Nawabad con el objetivo de privar al enemigo de cualquier sensación de triunfo. Esa misma noche, un misil BM-1 disparado desde la parte noreste de Isa Khel impactó en las inmediaciones del campamento de Kunduz. Un análisis posterior a la explosión, que fue llevado a cabo en ese lugar junto con las fuerzas de seguridad afganas el 11 de septiembre de 2011, no arrojó ninguna información sobre los perpetradores de aquel ataque. También esa noche, otro misil fue disparado en dirección al campamento. Como consecuencia, las compañías 2ª y 3ª desplegaron de forma alternada equipos de francotiradores acompañados por infantería que tomaron posiciones de observación sobre Isa Khel. Si bien no recopilaron ninguna información particular de reconocimiento, al menos temporalmente evitaron que se dispararan más misiles contra el campamento.

Soldados de la 2ª compañía en la operación de recuperación de las compuertas de un Dingo en la localidad de Isa Khel, donde tuvo lugar el combate del Viernes Santo de 2010.

Recuperación del vehículo de reconocimiento afectado por un artefacto explosivo el 9 de septiembre de 2011 en la "meseta alta occidental" bajo la protección del pelotón de infantería mecanizada Charlie.

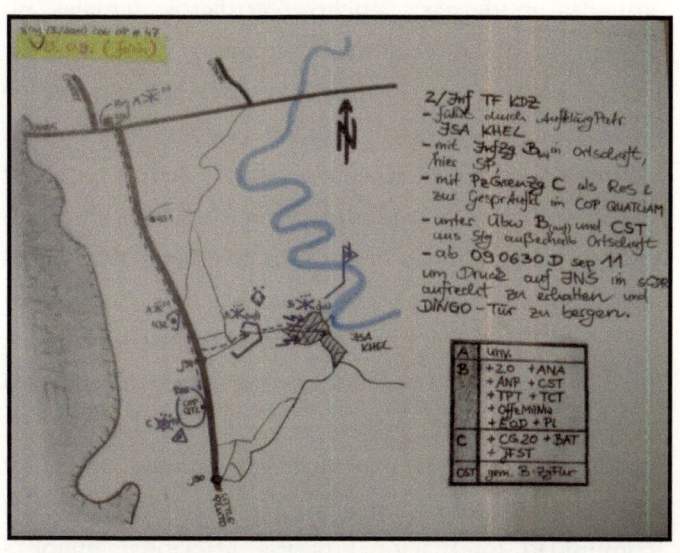

Plan táctico de la «Operación Compuerta» ejecutada el 9 de septiembre de 2011 por el Capitán Marcel Bohnert y su compañía.

(2) Introducción: Los desafíos de las Nuevas Guerras

El entorno operativo asimétrico de las Nuevas Guerras representa un gran desafío para las fuerzas armadas modernas. Muchos conflictos actuales no tienen un inicio claramente definido, a menudo se gestan durante varios años con diferentes niveles de intensidad y resulta muy difícil evaluar cuál será su desarrollo. También resulta desafiante definir las líneas del frente, y una multitud de actores con intereses oscuros se benefician de los enfrentamientos violentos de larga duración. Los combatientes irregulares ignoran el derecho internacional humanitario, utilizan medios de guerra pérfidos y se mueven entre la población civil en pequeños grupos dinámicos que resultan difíciles de detectar. Actualmente no existe una respuesta universal a la pregunta sobre cómo la comunidad internacional podría reaccionar mejor a estos escenarios. El conflicto en Afganistán ha revelado numerosas características de esta nueva forma de guerra. A partir de 2010, se incorporó la Estrategia de Contrainsurgencia COIN a la misión de ISAF, la cual estaba basada en la premisa que los esfuerzos deben centrarse, no en combatir al enemigo, sino en establecer contacto con la población para lograr un punto de inflexión duradero en el conflicto.

Este enfoque obligó a los militares a relacionarse directamente con la población en lugar de esconderse de manera anónima en vehículos de combate fuertemente blindados o detrás de las altas vallas perimetrales de sus campamentos. Esto también tuvo como consecuencia que estas tropas debían poseer capacidades especiales y estar expuestas a un alto nivel de riesgo.

Este texto aborda principalmente el despliegue de la infantería mecanizada de las Fuerzas Armadas de Alemania y el uso del VCI-Marder en Afganistán. En primer lugar, se discuten las etapas previas a la participación de la infantería mecanizada en la misión y luego se describen los desafíos a los que se enfrentaron dentro del marco de operaciones de la Task Force Kunduz III. Posteriormente se evalúa su capacidad operativa en combate y se formulan posibles lecciones que pueden resultar valiosas para futuras misiones. Los siguientes relatos describen nuestras experiencias en esta misión como jefe de compañía (Marcel Bohnert) y como jefe de pelotón (Andy Neumann) en la provincia de Kunduz en el norte de Afganistán. Por lo tanto, el libro posee un enfoque pragmático y es necesario tener en cuenta que nuestro relato refleja más la perspectiva desde la base militar que la del liderazgo político o la de los altos mandos militares.

La estrategia de contrainsurgencia en Afganistán se centró en establecer contacto con la población y cooperar con las fuerzas de seguridad afganas.

"Boots on the Ground" en Kunduz 2011 - Las patrullas a pie también significaron un mayor estrés y riesgo para nuestros soldados.

(3)   Pasos previos a la misión de la infantería mecanizada en Afganistán

La Bundeswehr había estado participando en la misión ISAF desde el año 2002 con un contingente de soldados que en un principio no superaba los 1200 hombres y mujeres. Lo que comenzó en Kabul con tareas de patrullaje que habían sido cálidamente recibidas, evolucionó en los años siguientes para convertirse en violentos combates y una sangrienta lucha de guerrillas en las provincias de Kunduz y Baglán. Los recurrentes ataques contra las fuerzas armadas alemanas llevaron inicialmente a reacciones de incredulidad, sin embargo, más tarde se priorizó la protección de las tropas y en la medida de lo posible, se evitaron las operaciones en regiones peligrosas. En un contexto de estrategia política defensiva, las primeras solicitudes de armamento más avanzado como morteros, obuses blindados, o aviones Tornado fueron rechazadas. De igual manera, se postergó durante mucho tiempo el despliegue de los VCI, ya que esto podía haber sido considerado como una escalada del conflicto y era prioritario que el contingente alemán no fuera percibido como una fuerza de ocupación. Otros argumentos en contra de su despliegue en el teatro de operaciones fueron el gran esfuerzo logísitico que esto implicaría y la mala condición de las carreteras y puentes. También se alzaron voces para expresar justificadas dudas en relación a la avanzada edad de los sistemas. Los primeros modelos de producción del VCI-Marder fueron entregados a las unidades de la Bundeswehr en 1971 y su capacidad de combatir en ambientes deserticos no se habia tenido en cuenta durante su desarrollo.

A partir de 2006 la situación de seguridad comenzó a cambiar y el número de ataques directos contra las fuerzas alemanas comenzó a aumentar. Los primeros cuatro VCI-Marder 1A5 llegaron a Mazar-e Sarif a finales de 2006, donde inicialmente fueron utilizados para proteger el campamento. En ese momento, y con el objetivo de mantener un estricto control de la situacion en caso de una posible escalada, su uso estaba sujeto a la aprobación del Jefe de Estado Mayor de la Bundeswehr. En vista del constante deterioro de la situación, a partir de mediados de 2008 los VCI se destinaron a apoyar a la Fuerza de Reacción Rápida QRF[8] del Mando Regional Norte[9]. Posteriormente, en la primavera de 2009, los vehículos fueron desplegados en Kunduz, donde los soldados alemanes ya se enfrentaban a una nueva dimensión de ataques

---

[8] QRF: Quick Reaction Force
[9] Regional Command North: Uno de los despliegues de la OTAN en Afganistán.

insurgentes. Pero no fue hasta julio de 2009 cuando los VCI-Marder entraron por primera vez en acción para rescatar de una emboscada a las fuerzas de seguridad belgas y afganas. Esta primera experiencia de combate demostró por sí sola el enorme efecto que tenían los VCI sobre las fuerzas enemigas. En tan solo un año, la QRF se vio involucrada en más de cincuenta enfrentamientos y combates de varias horas de duración en los que los Marder pudieron, una y otra vez, demostrar su utilidad. Más adelante expondremos en detalle las lecciones aprendidas y las ventajas del uso de estos vehículos.

El ataque aéreo en Kunduz, ordenado por el entonces coronel Georg Klein en septiembre de 2009 y los combates del Viernes Santo de 2010 fueron dos hechos que dejaron claro el cambio de estrategia de las tropas terrestres de la Bundeswehr y también llevaron al gobierno alemán a revisar su posición en Afganistán. En un corto período de tiempo fueron alquilados drones de reconocimiento del tipo Heron, y tres obuses blindados del tipo PzH 2000 y otros quince VCI-Marder fueron desplegados en el Hindú Kush. Como resultado, a partir de 2010 las unidades de combate de las Task Forces Kunduz y Mazar-e Sarif contaron cada una con un pelotón de infantería mecanizada que incluía equipamiento pesado.

Las condiciones particulares del dinámico y complejo entorno operativo en Afganistán exigían un modelo de VCI constantemente adaptable, lo cual llevó a algunas mejoras operativas del vehículo: En primer lugar, entre 2002 y 2005, se convirtieron 74 VCI-Marder al estándar 1A5 mediante la inclusión de una protección contra minas y proyectiles de formación explosiva. Esto implicó despejar el suelo del compartimento de la tripulación, modificar plan de carga y almacenamiento y fijar el marco del asiento al techo del vehículo. Además, dado que las altas temperaturas dentro del vehículo afectaban gravemente la resistencia de las tripulaciones, la compañía Rheinmetall Landsysteme GmbH desarrolló un sistema de refrigeración en el marco de un pedido realizado en octubre de 2009. Las pruebas realizadas por el Centro Técnico de la Bundeswehr certificaron el impacto positivo del sistema, pero al mismo tiempo se precisó que era prácticamente imposible modificar la capacidad fundamental de enfriamiento de los equipos que ya se encontraban en servicio. Sin embargo, debido a las urgentes necesidades operativas y a la falta de alternativas, se tuvieron que aceptar los fallos y deficiencias. Entre los equipos adaptados también se encontraba el inhibidor de señales CG12, que al ser usado en las proximidades del VCI podía contrarrestar los artefactos explosivos controlados por radio. Por otro lado, la compañía Saab-Barracuda desarrolló un equipamiento de camuflaje a medida que, además de cumplir su función principal como camuflaje, también proporcionaba aislamiento térmico. Este sistema fue probado a su vez por el Centro Técnico de la Bundeswehr en 2009 y posteriormente fue examinado en varias pruebas de conducción en cuanto a su eficacia y a la compatibilidad técnica y ergonómica del sistema. Tras varias mejoras, los VCI-Marder que ya se encontraban en Afganistán fueron reequipados con el sistema de camuflaje multiespectral (red de camuflaje Barracuda). A finales de 2010 fueron entregados los diez primeros vehículos Marder 1A5A1 y hasta finales de 2011 otros 25 fueron actualizados al nuevo estándar.

Un renacimiento que hace temblar: Los VCI-Marder
estacionados en la estación de policía del problemático
distrito de Chahar Dara en octubre de 2010.

Kunduz 2011: Un VCI-Marder ocupa una posición de vigilancia a primera hora de la mañana. Se aprecian algunas mejoras como el nuevo sistema de refrigeración para el compartimento de la tripulación, algunas estructuras adicionales improvisadas y partes de la red de camuflaje Barracuda.

(4) El despliegue de una compañía de infantería mecanizada: 200 días en Kunduz

En 2010, los soldados alemanes en Afganistán se vieron envueltos en los combates más intensos desde la creación de la Bundeswehr. En aquel momento, el 92° Batallón de Entrenamiento de Infantería Mecanizada de Munster recibió la orden de asumir, durante algo menos de siete meses, la responsabilidad militar como elemento principal en la provincia de Kunduz, pasando así a formar parte de los contingentes alemanes 26° y 27° de la ISAF. Tras ocho meses de preparación para las operaciones, en junio de 2011 nuestra compañía, la 2ª compañía del 92° Batallón de Entrenamiento de Infantería Mecanizada, fue la primera unidad de la Task Force Kunduz III en ser desplegada en Afganistán, y a los pocos días de su llegada ya había comenzado con sus primeras patrullas en el conflictivo distrito de Chahar Dara. A continuación, nos gustaría ofrecer una perspectiva de la conducta y el concepto de operaciones de la compañía durante sus más de 200 días de despliegue.

4.1　Preparación previa al despliegue

Dos visitas de reconocimiento al país escenario de las operaciones nos permitieron hacernos una idea de la situación de las compañías de combate en Chahar Dara y sacar conclusiones sobre nuestra propia preparación para el despliegue. A principios de octubre de 2010, unidades de paracaidistas apoyadas por infantería mecanizada participaron en combates que tuvieron lugar principalmente en la parte sur del distrito. Gracias a nuestra participación en una unidad de patrulla y a que pasamos la noche en la estación de policía local, pudimos recolectar información valiosa, no solo en cuanto a la topografía, la situación del enemigo o a los factores de estrés extremadamente altos a los que estaban sujetos el personal y los materiales, sino también en relación con los objetivos y el progreso de las operaciones. En particular, los relatos sobre las operaciones, por parte de quienes habían estado sobre el terreno, mostraban una imagen sin adornos sobre la nueva realidad del operativo alemán, la cual abarcaba desde combates armados de varios días de duración, pasando por sangrientas escaramuzas con granadas, hasta ataques con artefactos explosivos improvisados. Al echar un vistazo al mapa de situación y escuchando los relatos de los soldados se evidenciaba que, hasta aquel momento, la primera Task Force Kunduz ya había tenido éxito en algunos elementos tácticos. Sus unidades ya se encontraban operando ofensivamente y estaban poniendo "las botas sobre el terreno". A diferencia de algunos años atrás, nuestros aliados ya no podían acusar a la Bundeswehr de atrincherarse en sus campamentos. Sin embargo, el precio que pagaron las unidades desplegadas fue la gran cantidad de soldados heridos y traumatizados. Por otro lado, nuestra unidad pudo integrar aquellas impresiones en su entrenamiento previo al despliegue.

Algunas semanas antes del comienzo de nuestro despliegue, una delegación del Batallón de Entrenamiento de Infantería Mecanizada se desplazó a Kunduz una vez más para llevar a cabo una última verificación de la situación actual y obtener un informe de nuestros predecesores sobre los recientes desarrollos. Esta segunda misión de investigación se vio ensombrecida por dos atentados con explosivos en los que miembros alemanes de la Task Force perdieron la vida o resultaron heridos. Sin embargo, a nuestra llegada las unidades de combate no estaban en estado de shock, sino que parecían seguir operando con la misma intensidad. Nuestros predecesores habían podido darle continuación a la "Operación Halmazag" en noviembre de 2010 y entretanto ya se habían hecho al control de grandes partes del sur de Chahar Dara. Además, a pesar de la amenaza de nuevos ataques y atentados con explosivos, ya se estaban llevando a cabo operaciones en el norte de esa localidad. De esta manera, nuestro objetivo estaba claramente definido: continuar la estabilización de la parte sur del distrito y extender la "burbuja de seguridad" hacia la parte norte.

4.2   Desarrollo de la misión

Como resultado de varios ataques que tuvieron lugar en los primeros seis meses del año 2011, siete soldados alemanes perdieron la vida y muchos otros resultaron heridos, algunos de gravedad. Para nosotros, estos atentados fueron el inicio de la ofensiva insurgente de finales del verano y sentaron las bases de nuestras expectativas en relación a nuestra participación en la misión. Sin embargo, los ataques contra las fuerzas de la Bundeswehr tendían cada vez más a centrarse en el uso de artefactos explosivos improvisados y a evitar el combate abierto. Además, surgió otra forma pérfida de amenaza que en febrero del mismo año les costó la vida a tres soldados alemanes y dejó heridos a otros seis: los ataques perpetrados por actores internos, es decir, por miembros de las fuerzas de seguridad afganas en contra de sus aliados. Este hecho generó mucha desconfianza y tenía el potencial de socavar la moral de las tropas y sabotear la convicción del sentido de la misión. Fue por esta razón que tomamos algunas medidas que lograron limitar este riesgo; entre ellas en particular figuraba el establecimiento de una estrecha relación de confianza con nuestros aliados afganos.

Las primeras patrullas que realizamos con miembros de la policía afgana comenzaron menos de una semana después de la llegada de los últimos soldados de nuestra compañía al teatro de operaciones. En primer lugar, llevamos a cabo operaciones cortas en los alrededores de nuestro puesto avanzado en Chahar Dara para que nuestros soldados y el comandante de la compañía se familiarizaran con el nuevo entorno y desarrollaran la correspondiente "conciencia situacional". Las temperaturas extremas al aire libre, de más de 50°C a la sombra, exigían una resistencia física extraordinaria de cada individuo. Sin embargo, dada la situación de amenaza, no era posible prescindir de cascos, chalecos antibalas o mochilas con munición. Mientras tanto, las temperaturas dentro del VCI-Marder alcanzaban los 80°C, lo que resultaba sumamente insoportable, especialmente para el conductor y el artillero en el compartimento de tripulación delantero, quienes muy pronto sobrepasaron los límites de lo aceptable. Las modificaciones realizadas por el fabricante y los ajustes llevados a cabo por las tripulaciones del Marder apenas aportaron una mejora mínima. No obstante, después de solo unos días, esta situación no impidió que la compañía operara bajo el calor brutal del mediodía en la parte sur del distrito y realizara las primeras patrullas en el sector norte. A lo largo de un período de 24 horas, cada pelotón realizaba dos patrullas de varias horas de duración durante el día o la noche, lo cual permitió rápidamente establecer un alto nivel de presencia en la zona de responsabilidad asignada. En ocasiones, la compañía llegó a tener hasta 250 efectivos sobre el terreno gracias a un gran número de fuerzas de apoyo y, por su parte, los jefes de sección mandaban hasta 25 vehículos de combate. Gracias a esta importante capacidad de refuerzo fue posible patrullar de forma alterna las distintas localidades, lo cual garantizó una presencia casi continua en el distrito de Chahar Dara. De este modo, la compañía pudo mostrar también una fuerza de combate visible que dejaba una marca en la población y en el enemigo.

Ya desde el inicio de nuestra segunda fase de responsabilidad territorial, el enfoque principal de nuestras operaciones se trasladó a la parte norte del distrito. Mientras tanto, las patrullas que realizábamos en localidades al sur de Kunduz como Isa Khel, Quatliam o Haji Amanula se habían vuelto rutinarias, zonas en donde varios meses atrás, automáticamente se hubieran producido enfrentamientos con insurgentes. Así mismo, durante nuestras primeras patrullas en el norte de Chahar Dara tampoco se materializaron los ataques esperados, lo que nos llevó a intensificar la frecuencia de las patrullas y a ampliar gradualmente la "burbuja de seguridad" hacia el norte. De esta manera, en muy poco tiempo conseguimos establecer buenos contactos con las poblaciones de Nahr-i-Sufi, Sujani y Qara Yatim, lo cual nos permitió añadir piezas al rompecabezas para hacernos a una idea del estado del operativo. Adicionalmente, habíamos comenzado a realizar las primeras patrullas en las afueras de un lugar que pronto cautivaría toda nuestra atención: Nawabad. Esta localidad de unos 10.000 a 15.000 habitantes era considerada el bastión de los insurgentes en los meses de verano de 2011. Tras encontrar varios artefactos explosivos improvisados, y de acuerdo a información de inteligencia militar, sabíamos que no éramos bienvenidos en ese lugar. Sin embargo, siendo Nawabad la ciudad más grande de todo Chahar Dara, no podíamos ignorarla de ninguna manera. Por el contrario, se nos presentaba la oportunidad de abordar un verdadero punto de inflexión en el distrito. Tras algunas patrullas diurnas y nocturnas por parte de unidades individuales de la compañía, y numerosos vuelos de reconocimiento con drones, había llegado el momento de llevar a cabo las primeras operaciones de varios días de duración. Para ello habíamos planeado una táctica especial: en lugar de patrullar desde el exterior hacia el interior de Nawabad, instalamos nuestro puesto de mando en el centro de la localidad y operamos de esa manera, irradiando nuestra presencia desde el centro hacia el exterior. Junto con las fuerzas de seguridad afganas, establecimos posiciones defensivas en varias viviendas dentro de Nawabad y, desde esos "refugios", efectuamos patrullajes por todas

36

las zonas de la ciudad. Con el objetivo de servir de reserva en caso de ser necesario, solo una sección permaneció estacionada de manera permanente en la planicie occidental adyacente a la desértica meseta. Esta estrategia, que repetimos varias veces y que intensificamos durante nuestro despliegue, presentaba varias ventajas: en primer lugar, debido a nuestra presencia continua en Nawabad, pudimos mantener un intercambio continuo con la población. Tampoco tuvimos muchas restricciones temporales en relación a los patrullajes, como las que había habido anteriormente debido a la disponibilidad limitada de helicópteros, drones o aviones de combate. Nuestra presencia ininterrumpida permitió aumentar la sensación de seguridad entre la población, al disminuir el peligro de represalias por parte de los insurgentes. Además, nos era posible patrullar cualquier zona de Nawabad en cualquier momento, sin que nuestros preparativos llamaran la atención o fueran percibidos. La imprevisibilidad de nuestras operaciones dificultó que las fuerzas enemigas se adaptaran a nuestro operativo y tomaran posibles contramedidas. Esto logró dejar huella en el enemigo, el cual en ningún momento se atrevió a entablar un combate abierto en Nawabad, sin embargo, este hecho terminó dificultándonos la vida de otra manera, ya que, ante su impotencia, los insurgentes sembraron la zona con artefactos explosivos improvisados. Por fortuna, nos fue posible encontrar y desactivar muchos de estos artefactos, los cuales en ningún caso provocaron bajas o heridos dentro de los miembros de la compañía. Al cabo de varias semanas, la presión ejercida sobre los insurgentes por este tipo de operaciones también provocó algo a lo que un periodista estadounidense se refirió como el "efecto estrangulamiento", lo cual fue confirmado posteriormente por la Inteligencia Militar: un éxodo masivo de las fuerzas enemigas a un distrito vecino. Éste fue uno de nuestros mayores éxitos durante nuestro período de servicio, ya que nos permitió continuar avanzando hacia el norte de Chahar Dara. Al final de nuestra misión habíamos realizado varias patrullas en casi todas las localidades del distrito, más de setenta poblaciones y pequeños asentamientos en donde también habíamos establecido vínculos con la población. Las unidades de la compañía se vieron involucradas en tan solo un evento en el que hubo un intercambio de disparos, y en otra ocasión, un artefacto explosivo detonó en medio de una sección de patrulla. Esto contrasta con los diecisiete hallazgos de artefactos explosivos improvisados y la eliminación de innumerables bombas sin detonar y restos de munición. A esto hay que añadir el balance positivo de nuestra compañía hermana, la cual operó de forma regular en Chahar Dara durante nuestro periodo de regeneración y con la que llevamos a cabo operaciones comunes de la Task

Force, como la de "Dragón del Desierto" en noviembre de 2011, bajo el mando del comandante del batallón. Al final del período de servicio del contingente a principios de 2012, se había reestablecido en gran medida la libertad de circulación en todo el distrito.

4.3   Resumen de la misión

Entre los logros tácticos de la Task Force Kunduz III se encuentran, entre otros, el considerable progreso de las fuerzas de seguridad afganas en relación a su toma de responsabilidades en materia de seguridad, la garantía de una mayor libertad de movimiento en el norte de Chahar Dara, la toma y el aseguramiento de la pequeña localidad de Nawabad y la prevención de una posible ofensiva insurgente dentro de nuestra área de responsabilidad durante los meses de verano. Sin olvidar que los logros de nuestros predecesores, la profesionalidad de nuestros hombres y mujeres en servicio, y una necesaria pizca de suerte también fueron factores determinantes para haber alcanzado estos objetivos. Nuestro enfoque fue, sin duda ofensivo, pero bien pensado, patrullamos con frecuencia y a horas muy distintas fuera de los puestos más y menos avanzados para luego sondear en profundidad. En varias ocasiones llevamos a cabo operaciones de la compañía y de la Task Force en las que los soldados tuvieron que permanecer hasta nueve días sin interrupción sobre el terreno. De esta manera logramos evitar cualquier posibilidad de que el enemigo tomara la iniciativa. Solamente en una ocasión el personal de la 2ª Compañía se vio envuelto en un intercambio de disparos; de lo contrario, las fuerzas enemigas se vieron obligadas a recurrir a su pérfida táctica de colocar artefactos explosivos improvisados. Éstos a su vez solo lograron afectar a la Task Force Kunduz en tres ocasiones: una vez contra la sección de infantería Alpha, otra contra el pelotón de infantería mecanizada Golf y finalmente, en una ocasión contra una patrulla de combate de la compañía de reconocimiento. Esto es relativamente poco en comparación con el elevado número de trampas explosivas detectadas por nuestras propias unidades.

Durante las fases de relevo de mando en enero de 2012 transmitimos a nuestros sucesores el "espíritu" con el que se habían llevado a cabo nuestras operaciones y pudimos aconsejarlos en relación a los diferentes escenarios posibles a tener en cuenta antes de proceder. Ellos, por su parte, ya se habían hecho a una idea de nuestros progresos durante sus viajes preliminares de reconocimiento, y de esta manera pudieron ajustar sus preparativos previos al despliegue. Así como ya había ocurrido 200 días atrás, el comandante de la Task Force aseguró una transición fluida en la conducción de las operaciones y garantizó que las nuevas tropas recibieran rápidamente información, equipos y material. A mediados de enero de 2012, una compañía de combate de la Task Force Kunduz IV asumió por primera vez la responsabilidad territorial en Chahar Dara. Sería la última de este tipo.

De hecho, la historia de los batallones de entrenamiento y protección, que duró casi dos años, llegó a su fin con la transición a la estructura de la "Task Force de Colaboración y Asesoramiento" PATF[10] a partir de mediados de 2012.

---

[10] PATF: Partnering and Advisory Task Force

El escudo de nuestra unidad: el azul es el color de la 2ª Compañía; la letra "L" hace referencia al 92º Batallón de Entrenamiento de Infantería Mecanizada perteneciente a la 9ª Brigada Blindada de Entrenamiento; y el halcón, un animal lleno de orgullo, simboliza nuestro respeto por la población afgana y las fuerzas de seguridad afganas.

Tropas belgas desembarcadas, escoltadas por los VCI de la sección Charlie, previo al comienzo de una ofensiva de la 2ª Compañía en Nawabad.

Destrucción controlada de un artefacto explosivo improvisado durante una operación de la compañía en el norte del distrito de Chahar Dara; foto tomada desde un puesto de vigilancia.

La infantería mecanizada también podía emplearse sin problemas en un papel meramente de ligera infantería. En esta imagen, patrullando a pie bajo un calor abrasador al norte de Nawabad.

Un rebaño de ovejas pasa junto a una posición de vigilancia ocupada por la sección Charlie de infantería mecanizada en el sur de Chahar Dara.

Despedida ofrecida por el jefe de la Task Force Kunduz III al capitán Marcel Bohnert. Las puertas del Dingo recuperadas encontraron su lugar Frente al monumento a los caídos de la 2ª Compañía en el campamento de Kunduz. Allí honran el recuerdo de los muertos y heridos de los contingentes que nos precedieron.

(5) Eficacia operativa de la infantería mecanizada en Afganistán

Para determinar la eficacia en combate de la infantería mecanizada equipada con el VCI-Marder nos gustaría considerar en primer lugar la estructura de nuestra compañía, y luego las ventajas y desventajas que, desde nuestro punto de vista, surgieron durante la misión de Afganistán. También vamos a tener en cuenta las experiencias de otros contingentes, así como algunos aspectos tácticos y los beneficios obtenidos tras las modificaciones efectuadas en los VCI.

Las dos unidades de combate que formaban la Task Force Kunduz III estaban compuestas por la 2ª y 3ª Compañía del 92º Batallón de Entrenamiento de Infantería Mecanizada. Nuestra tarea como jefes de compañía consistía en establecer las compañías de infantería mecanizada unos ocho meses antes del inicio de la misión, teniendo en cuenta que el número máximo de soldados no podía exceder los 128. Al mismo tiempo, era necesario considerar el nivel de adiestramiento de nuestras tropas, el enfoque táctico adoptado por nuestros predecesores y la disponibilidad del equipamiento principal disponible en el teatro de operaciones. De esta manera, tomamos la decisión de establecer una estructura uniforme: junto a dos secciones de infantería de 35 soldados cada una, iría una sección de infantería mecanizada de 24 soldados, adicionalmente, cada una de las dos compañías incluía un grupo de francotiradores de 12 soldados como cuarto elemento de maniobra. Esta estructura resultó muy satisfactoria para nuestra misión en Kunduz. La crítica expresada de antemano, de que la inclusión de una sección mecanizada en base al vehículo Marder en cada una de las dos compañías de infantería ligera no iba a funcionar debido a la reducción del número de personal desmontado, se demostró errónea, ya que esta solución demostró funcionar perfectamente en este entorno operativo. Desde nuestro punto de vista, prevaleció la ventaja ofrecida por la mayor autonomía de las tripulaciones de los VCI, debido al espacio suficiente para almacenar equipos, municiones y artículos de abastecimiento; adicionalmente, este factor logró aumentar aún más la eficacia operativa de la sección de infantería mecanizada, especialmente en operaciones de varios días de duración. No obstante, de manera ocasional se implementaba una estrategia diferente que consistía en reducir el tamaño de cada una de las compañías a tan solo una sección de infantería y apoyar a las tripulaciones de los VCI mediante la inclusión de dos vehículos de infantería para aumentar la capacidad de desembarco. De igual manera, era posible reforzar las secciones de infantería con más VCI para dotarlos de armas de largo alcance y una potencia de fuego adecuada. Sin embargo, para que las subunidades pudieran operar a su máxima capacidad, se intentaba "reorganizarlas" lo menos posible. Dependiendo de la situación, el uso de la sección de infantería mecanizada se combinaba a veces con francotiradores o ingenieros.

Uno de los principales beneficios del uso de los VCI en Afganistán fue su impacto psicológico en la población, en nuestros socios afganos y en las fuerzas enemigas. Éstos fueron vistos como una demostración convincente de nuestra voluntad de luchar contra los insurgentes y proteger a la población local. De hecho, como parte de su "demostración de fuerza", el ruido de las cadenas y los motores a gran distancia bastaba para intimidar a las fuerzas enemigas. Como demuestran los informes de operaciones de contingentes anteriores, desde un principio, los insurgentes habían subestimado por completo el alcance y la potencia de fuego de las armas de a bordo, el blindaje y la capacidad de observación de los VCI.

A menudo utilizábamos la sección de infantería mecanizada para vigilar a otras subunidades desde posiciones elevadas, lo que sin duda era un espectáculo impresionante para las fuerzas enemigas. Resulta imposible estimar de forma clara, o suficiente, el efecto que esto tenía sobre la moral de combate de las unidades vigiladas o apoyadas. La combinación de potencia de fuego, blindaje y movilidad fue una combinación que rápidamente brindó sus frutos en el Hindú Kush. Es necesario destacar la ventaja que ofrecía el hecho que los VCI siempre permitieron avanzar rápidamente sobre terrenos difíciles. Por otro lado, al reducir las tripulaciones de los VCI a seis soldados, se ganó mucho espacio de almacenamiento, lo que nos permitió desplegar la sección de infantería mecanizada sobre el terreno de forma completamente autosuficiente y sin reabastecimiento hasta por ocho días seguidos.

Mientras que los muros de barro afganos absorbían sin problema alguno la munición de armas ligeras de 5,56mm y 7,62mm, los proyectiles de 20mm de los cañones automáticos de a bordo y el arma contracarro guiada "Milan" eran capaces de atravesarlos sin mayores problemas. Además, el propio VCI también era capaz de atravesar muros para crear puntos de entrada para la infantería y otros vehículos de combate. Estando fuera de la escotilla, el tirador podía observar y tener un radio de acción de 360 grados, lo que constituía una ventaja crucial, especialmente en un entorno con una amenaza tan incierta como la que representaba Afganistán. Mediante modificaciones improvisadas con sacos de arena, yute y Hescobastions habíamos convertido a los VCI-Marder en puestos de combate móviles que ofrecían no solo suficiente protección a la tripulación, sino también la posibilidad de utilizar sus armas ligeras y municiones de manera efectiva. A diferencia de lo que sucedía cuando nos desplazábamos en vehículos con ruedas por caminos y carreteras, el resto del tráfico se mantenía a una distancia clara de nuestros VCI, lo cual suponía una protección adicional contra accidentes y ataques suicidas. Y, por último, pero no menos importante, la capacidad del Marder para atravesar brechas y zonas de agua profundas, logró ser conservada. Fue así que los integrantes de la infantería mecanizada lograron cruzar el río Kunduz, incluso en lugares donde tropas de infantería embarcadas en vehículos blindados Dingo y Fuchs habían tenido grandes problemas.

Uno de los inconvenientes que se presentaron inicialmente fue que algunas vías y carreteras de la provincia de Kunduz no eran aptas para la circulación de los VCI. Los estrechos callejones entre muros de barro y los puentes inestables exigían una planificación cuidadosa de las operaciones y un análisis preciso de las imágenes aéreas tomadas por drones y otras aeronaves. Además, las condiciones meteorológicas y topográficas de Afganistán supusieron una enorme carga de estrés para el personal y el equipamiento. Como consecuencia, decidimos tripular cada vehículo con solo seis soldados, lo que hizo la situación algo más llevadera; sin embargo, las temperaturas de hasta 80°C en el interior de los vehículos exigían una enorme resistencia, especialmente por parte de los conductores y los tiradores. A pesar de suponer un mayor riesgo personal para la tripulación, de no haberse aligerado las normas sobre el uso de uniformes en el interior de los compartimentos, nadie hubiera podido llevar a cabo esa misión. Aunque el sistema de refrigeración con el que fueron reequipados los vehículos era útil, en algunos casos éste podía fallar repetidamente, por lo tanto, apenas resultaba de ayuda para las tripulaciones. Por otro lado, debido a su peso, este sistema también limitaba la capacidad de los Marder para atravesar zonas de agua, lo que a su vez debía tenerse en cuenta a la hora de planificar las operaciones. También hay que agregar que las altas temperaturas exteriores, especialmente en verano, provocaron averías en los VCI, ya que el sistema de refrigeración de los motores no estaba diseñado para condiciones desérticas, lo que provocó problemas como la rotura de tuberías de refrigeración, entre otros.

Las mejoras operativas que se llevaron a cabo de manera oficial, así como los puestos de combate y las demás modificaciones que instalamos nosotros mismos fueron indispensables para cumplir nuestra misión; sin embargo, éstas también aumentaron de forma considerable el peso de combate de los VCI. Como consecuencia, especialmente durante las fases con una densidad operacional elevada, era necesario sustituir completamente las zapatas de las cadenas al cabo de pocos días. El desgaste de las cadenas y del sistema de suspensión era extremadamente elevado. Por otro lado, las estructuras adicionales y los numerosos equipamientos limitaban considerablemente la protección contra las minas. Era imposible aprovechar el espacio de almacenamiento de tal forma que las armas, la munición y el equipo no se convirtieran en peligrosos proyectiles en caso de impactar con un artefacto explosivo improvisado. No obstante, tuvimos que aceptar ese riesgo. De hecho, al comienzo de nuestra misión recibimos algunos VCI-Marder 1A5A1 modificados y completamente nuevos desde el depósito de Kunduz y de inmediato comenzamos a pensar en la preparación de los vehículos para el combate. En este sentido, era necesario tener en cuenta un sinnúmero de aspectos, desde los enfrentamientos a través de las escotillas superiores traseras, pasando por el almacenamiento de toda la carga de combate, el acceso al depósito de munición (santabárbara), el transporte de camas de campaña, el equipamiento y las diversas estrategias para acciones rápidas de rescate, hasta unidades complementarias como el mini helicóptero táctico no tripulado "Mikado". Así mismo, era indispensable pensar en otros elementos más relacionados con la tripulación, tales como la protección contra el sol y la intemperie, el transporte de bombonas de gas, utensilios de cocina, equipamiento personal, el suministro de agua y alimentos, e incluso ofrecer posibilidades para responder a la llamada de la naturaleza. Era muy necesario aprovechar cada espacio disponible, por pequeño que fuera. En particular, el interior de los vehículos debía ser planificado de tal manera que permitiera una sostenibilidad prolongada de la tripulación y garantizara, al mismo tiempo, la mejor protección posible contra las minas.

Además, hay que señalar que los sistemas ópticos del VCI tenían una utilidad limitada. De hecho, tanto la cámara térmica, como la mira Peri-Z11 eran sistemas de observación anticuados y obsoletos que solo tenían una capacidad de aumento mínima, y a veces obligaban a los tiradores a adoptar una postura incómoda y agotadora durante horas, especialmente durante las misiones nocturnas de vigilancia y seguridad.

A la hora de comparar los argumentos a favor y en contra del uso de los VCI en Afganistán, y si se tienen en cuenta las lecciones aprendidas por parte de otras fuerzas de despliegue, se llega al igual que nosotros, a la conclusión que la presencia del VCI-Marder fue extremadamente beneficiosa y muy eficaz. Con su armamento y su apariencia combativa, el Marder proporcionó a las unidades desplegadas en Kunduz a partir de 2009 exactamente lo que éstas necesitaban con urgencia. Las lecciones aprendidas por nuestro contingente, al igual que las de otros, demostraron que el Marder era muy versátil, mejoraba la sostenibilidad de la tripulación y aumentaba considerablemente la capacidad de combate de las unidades sobre el terreno. Las tripulaciones del Marder bien entrenadas y con muchos años de experiencia estaban totalmente familiarizadas con este vehículo y sabían cómo repararlo ellas mismas en caso de averías técnicas menores. Este hecho preservaba y aseguraba la disponibilidad operativa de sus unidades y subunidades. Un sistema con una tecnología y unos componentes electrónicos más avanzados podría haber provocado una mayor tasa de averías y otras limitaciones. De este modo, desde nuestro punto de vista, las ventajas superan claramente a los aspectos negativos mencionados.

Por otro lado, el despliegue de la infantería mecanizada en Afganistán presentó una ventaja evidente que hasta ahora solo se ha mencionado de manera implícita. Se trata del hecho que las unidades no solo eran expertas combatiendo desde sus VCI, sino que también podían asumir un papel puramente de infantería. La coordinación de fuerzas montadas y desmontadas es una de las habilidades fundamentales de la infantería mecanizada; por lo tanto, la integración de numerosos elementos de apoyo, ya sea a nivel de compañía o de sección, no supuso un problema real para nosotros. Un aspecto de vital importancia durante la misión en Afganistán consistió en comprender la interacción de las fuerzas montadas y desmontadas con otras fuerzas, ya fueran ingenieros, artilleros, operadores de drones, personal médico, equipos femeninos de intervención (FET)[11] o del paquete de limpieza de rutas (RCP)[12]. Basándonos en estas experiencias podemos incluso afirmar que la infantería mecanizada es la rama de servicio de la Bundeswehr con mayor eficacia de combate en conflictos asimétricos e híbridos.

---

[11] FET: Female Engagement Teams

[12] RCP: Route Clearance Package

Pausa en la operación: los miembros de la sección de infantería mecanizada Charlie esperan nuevas órdenes de su jefe de pelotón en un puesto avanzado.

Los soldados de la sección de infantería mecanizada Charlie instalaron puestos de combate en los compartimentos traseros de sus VCI-Marder, convirtiéndolos en "fortalezas móviles".

Durante nuestro período de servicio experimentamos condiciones climáticas extremas en todas sus facetas: VCI-Marder en la nieve en Kunduz, a inicios del invierno en noviembre de 2011.

Sargento Mayor Andy Neumann como jefe de la sección de infantería mecanizada Charlie en la 2ª Compañía de la Task Force Kunduz III.

Luchando contra el polvo y el calor: vista desde el compartimento trasero de la tripulación de un VCI durante una operación de la compañía en Kunduz en 2011.

El VCI-Marder todoterreno demostró ser extremadamente eficaz en el exigente terreno de Afganistán. Sin embargo, visto desde lejos, su parte trasera parecía "hundirse" un poco debido a su peso de combate adicional.

Puestos de combate móviles: algunas modificaciones realizadas en el VCI-Marder en Afganistán fueron improvisadas y llevadas a cabo por las propias unidades sobre el terreno.

Cada miembro del equipo de tiradores podía montar
su puesto de combate en el Marder de forma
personalizada en lo que respecta a los soportes de
armas, y a la disposición de la munición.

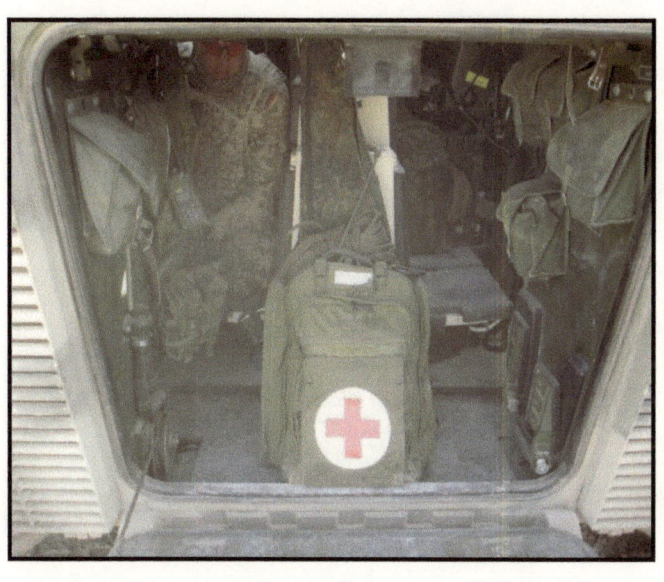

Creatividad e improvisación: para dejar espacio a las tan necesarias mochilas sanitarias, los soldados retiraron los asientos de los jefes de pelotón en todos los VCI de la sección Charlie.

Para proporcionar espacio para las armas y camuflaje, así como para obtener más espacio de almacenamiento en los VCI, se cortaron Hescobastion a medida que se fijaron a los vehículos, se rellenaron parcialmente con sacos de arena y finalmente se cubrieron con tela de yute.

En acciones conjuntas con las fuerzas de infantería ligera, la infantería mecanizada de los VCI Marder demostró su mayor eficacia combativa en Afganistán.

(6) Perspectivas

Con hasta 5.400 efectivos desplegados al mismo tiempo en el teatro de operaciones, la Bundeswehr fue el tercer mayor contribuyente de tropas en Afganistán, lo que la moldeó y transformó considerablemente a lo largo de una década. Las sucesivas fases de esa misión pueden clasificarse como: fase de ayuda humanitaria, fase de sufrimiento de bajas y fase de operaciones de combate. Estos periodos contrastan fuertemente entre sí, pero ilustran el hecho que nuestras fuerzas armadas se enfrentaron a muchos nuevos desafíos y escenarios que las sometieron a un proceso de aprendizaje en numerosos campos. Los militares de la Bundeswehr en Afganistán estuvieron siempre a la altura en todo el espectro de tareas que tuvieron que asumir. Se enfrentaron a multitud de retos relacionados con el sistema de normas y valores imperante en un país extranjero; a su propio papel híbrido como ayudantes en la reconstrucción del país, mediadores y combatientes; así como a la difícil readaptación al volver a Alemania. Además del progreso en términos de equipamiento, también hubo mejoras considerables en la estructura y atención al personal herido y traumatizado, así como a los familiares de las víctimas. Cabe mencionar también que todo esto ha venido acompañado de una serie de avances positivos a nivel cultural. Las dificultades y experiencias extremas compartidas han dado lugar a la aparición de una "generación de veteranos de misión" que ha sentado las bases para el desarrollo de una cultura de veteranos en Alemania.

Muchos creían imposible que el VCI-Marder fuera a experimentar un renacimiento durante el conflicto de Afganistán. De hecho, este vehículo estuvo a punto de quedar desacreditado y convertirse en una reliquia de la Guerra Fría, de no ser porque en la misión de ISAF demostró que seguirá siendo un sistema de armas probado, aguerrido y fiable con un alto valor operativo hasta que su sustituto esté plenamente listo para ser operado. Mientras tanto, una nueva generación de vehículos de combate de infantería se ha abierto camino en la Bundeswehr: 350 sistemas de vehículos Puma han sido entregados a las tropas en los últimos años y muchas tripulaciones ya han sido capacitadas para su operación. Adicionalmente, se espera que la Bundeswehr adquiera más unidades de estos nuevos sistemas en los próximos años, con lo que se pondrá fin a la exitosa historia del VCI-Marder en la infantería mecanizada después de más de 50 años.

La "guerra acorazada" y la amenaza de las fuerzas armadas regulares vuelven a convertirse en una amenaza real en el flanco oriental de Europa: el ataque de Rusia a Ucrania a principios de 2022 ha alterado el equilibrio de la seguridad mundial y ha desencadenado un nuevo enfoque hacia las alianzas internacionales y la defensa nacional. Como consecuencia de este cambio de rumbo, las misiones prolongadas a gran escala para estabilizar estados frágiles como Afganistán serán, para la Bundeswehr y sus aliados, mucho menos probables en un futuro cercano.

Cabe también mencionar que debido al terrorismo internacional, los flujos de refugiados y la amenaza a las rutas comerciales, las Nuevas Guerras siguen teniendo un impacto global y de igual manera seguirán determinando el curso de la política de seguridad y defensa en Alemania. En menor medida, también se desplegarán soldados en zonas de crisis internacionales, así como en misiones de entrenamiento, asistencia y asesoramiento. Los atentados directos contra el personal de la Bundeswehr no dejarán de ser una realidad en aquellas zonas, así como tampoco dejarán de serlo la amenaza latente del terrorismo suicida o los atentados internos. En la práctica, resulta muy difícil distinguir entre misiones de apoyo puramente logístico, médico y humanitario y misiones de combate. Dado que existen tantos riesgos imprecisos, carentes de claros límites espaciales y temporales que impiden un adecuado planeamiento y operatividad, es posible que, como ocurrió en Afganistán, los enfrentamientos den lugar a misiones que gradualmente desemboquen en intensos combates con bajas y heridos.

La Bundeswehr sufrió su última baja en Afganistán en 2013; de igual manera, el capítulo de las misiones de combate también terminó oficialmente para las fuerzas armadas alemanas con la transición de ISAF a la misión Resolute Support (RSM) a principios de 2015. Por otro lado, cabe mencionar que el dramático final de toda la misión de apoyo en Afganistán a mediados de 2021 ha sumido de nuevo en el caos al maltrecho país del Hindú Kush.

En total, más de 50 miembros de la Bundeswehr han perdido la vida en Afganistán, 35 de ellos como resultado de atentados y combates; más de 300 resultaron heridos y muchos más sufren todavía las consecuencias de los traumas experimentados durante la misión. Aunque en nuestro caso no sufrimos pérdidas de vidas humanas, la misión en Kunduz representó un esfuerzo extraordinario para nosotros, nuestros soldados y nuestro deber oficial y militar. El perfil de conocimientos que se le exige a nuestro mando militar durante los despliegues no es, en nuestra opinión, fundamentalmente diferente al de las operaciones rutinarias en Alemania. La principal diferencia es que, una vez en el teatro de operaciones, el entrenamiento llega a su fin y el más mínimo error puede conllevar graves consecuencias. Por lo tanto, además de una robusta condición física, se necesita un alto nivel de aptitud mental, no solo para ser capaz de interpretar y ejecutar órdenes, sino también para estar plenamente concentrado y listo para la misión al abandonar el campamento. Ese estado de alerta permanente y tener que pensar constantemente en la misión, el entorno y la protección de los propios soldados es realmente agotador. Esto es algo que se nota, como muy tarde, después de regresar a casa.

Nos gustaría concluir el aporte de nuestro texto con un epílogo que nos recuerde los peligros a los que se enfrentan nuestros militares en misiones en el extranjero. Recordar incidentes como los mencionados aquí debería contribuir a que nunca olvidemos las lecciones aprendidas durante la misión de ISAF. Se lo debemos también a nuestros hombres y mujeres caídos, a sus familiares y a nuestros veteranos.

(7) Epílogo (Base Aérea de Termez, Uzbequistán, Junio de 2011)

En un estado de agotamiento total, esperamos en el aeródromo de la ciudad fronteriza uzbeka de Termez. En este lugar está ubicada la base aérea de la Bundeswehr, lugar al que se dirigen todos los miembros del contingente alemán antes de volar a Afganistán, y cuando abandonan ese país antes de su regreso a casa. Atrás quedaba otro viaje de reconocimiento que habíamos emprendido para conocer a nuestros predecesores inmediatos, unas semanas antes del inicio de nuestro despliegue como integrantes de la Task Force Kunduz III. Nuestra estancia se vio completamente ensombrecida por la muerte del capitán Markus Matthes, quien había perdido la vida unos días antes de nuestra llegada tras un ataque con un artefacto explosivo improvisado en Chahar Dara. Los vehículos de combate afectados por ese ataque habían sido recuperados y permanecieron a la vista durante varios días junto a la valla perimetral del campamento. Ésta era ahora la nueva táctica de los insurgentes en el norte de Afganistán: mientras que un año atrás libraban batallas abiertas contra las tropas de ISAF, ahora recurrían cada vez más a ataques con artefactos explosivos ocultos. Se trataba de una transformación en la naturaleza de la amenaza, la cual tuvo que ser expuesta y tenida en cuenta durante los

75

últimos días de entrenamiento de nuestros soldados. Inmersos en nuestros pensamientos nos pusimos a comparar notas e imaginar cuál sería la suerte de nuestra compañía en aquel lugar dentro de menos de un mes. Mientras esperábamos allí, un oficial superior de mayor edad entró a la sala de espera y nos pidió a todos los presentes que no dirigiéramos al borde del aeródromo. Nos miramos algo sorprendidos, pero rápidamente recogimos nuestro equipo y seguimos sus órdenes como todos los demás. Unos minutos más tarde regresó y nos dijo que él mismo nos llevaría a la pista. Seguimos desconcertados, pero tal como lo ordenó marchamos algunos cientos de metros hasta un área abierta. Solo cuando vimos dos aviones, uno frente al otro, nos dimos cuenta de la razón por la cual nos encontrábamos en aquella formación de más de 100 soldados, caminando hacia esas aeronaves. Era evidente que la mayoría también se había dado cuenta, ya que un silencio casi sepulcral se había asentado sobre todos los allí presentes. Lentamente comprendimos que, dentro de unos momentos, formaríamos una guardia de honor para honrar a un camarada caído antes de su repatriación. A principios de junio, un potente artefacto explosivo improvisado con una carga de más de 200kg había destrozado un VCI-Marder en la provincia de Baglán, matando al conductor de 23 años, el cabo primero Alexej Kobelew, e hiriendo a otros cinco miembros de la tripulación, algunos de ellos de gravedad. De esta manera nos encontrábamos en Termez, rindiendo los últimos honores a nuestro compañero caído. Mientras hacíamos el saludo militar, su féretro era trasladado de una aeronave Transall a un Airbus. Él sería repatriado a casa con nosotros. Ya en Alemania, mientras nosotros tomábamos una de las salidas del aeropuerto de Colonia-Wahn y las familias saludaban y abrazaban con alegría a sus seres queridos; su féretro abandonaba el aeropuerto por otra salida, lejos de la agitación del público y de los medios de comunicación sus afligidos familiares y amigos estaban allí reunidos para recibirlo.

Un VCI-Marder destruido en Puli Khumri, Baglán,
Afganistán el 2 de junio de 2011 (Captura de pantalla
de una US MEDEVAC cámara integrada en un casco).

En memoria de los caídos en combate.

Autores

Bohnert, Marcel, Teniente Coronel (Estado Mayor), Diplomado en Pedagogía, M.A., nacido en 1979, es Vicepresidente de la Asociación Alemana de las Fuerzas Armadas. Fue jefe de pelotón en la "Task Force Zur" en Kosovo, jefe de una unidad de combate en la "Task Force Kunduz" en Afganistán y asesor superior de la "Combined Joined Task Force" en Irak. Bohnert es autor de numerosos artículos sobre las misiones de la Bundeswehr en el extranjero y coeditor de las muy tratadas antologías "Armee im Aufbruch" (Las Fuerzas Armadas en Transformación), "Die unsichtbaren Veteranen" (Los Veteranos Invisibles) y el informe de misión "200 Tage Kunduz" (200 días en Kunduz).

Teniente Coronel (DEU) Marcel Bohnert

Chahar Darreh , Kunduz , Afganistán , 2011

Neumann, Andy, sargento mayor, nacido en 1975, asignado al personal de mando y control del 92° Batallón de Entrenamiento de Infantería Mecanizada, anteriormente, entre otros, jefe de la sección de Infantería Mecanizada Charlie en la 2ª Compañía de la Task Force Kunduz III que operó en Afganistán de junio de 2011 a enero de 2012.

Sargento Mayor (DEU) Andy Neumann
Chahar Darreh , Kunduz , Afganistán , 2011

Información Bibliográfica

**Beerenkämper, Florian, Bohnert, Marcel, Buresch, Anja &
Matuszewski, Sandra** (2016): Der innerafghanische Friedens-
und Aussöhnungsprozess. Folgerungen für die künftige
Beteiligung an internationalen Operationen zur
Krisenbewältigung in fragilen Staaten. Miles : Berlin.

Behr, Thomas (2017): Je schneller, desto besser. Zur
Ausrüstungslage des Heeres. Bundeswehr – Magazin des DBwV,
3, pags. 10-12.

Blasberg, Anita & Willeke, Stefan (2010): Afghanistan. Das
Kundus-Syndrom. Die Zeit, 04-03-2010.

Blumröder, Christian v. (2015): Shape, Clear, Hold, Build – Die
Operation Halmazag des Ausbildungs- und Schutzbataillons
Kunduz, in: R. Schroeder / S. Hansen (editores) :
Stabilisierungseinsätze als gesamtstaatliche Aufgabe Erfahrungen
und Lehren aus dem deutschen Afghanistaneinsatz zwischen
Staatsaufbau und Aufstandsbewältigung (COIN). Nomos :
Baden-Baden.

**Brinkmann, Sascha, Hoppe, Joachim & Schröder,
Wolfgang** (editores) (2013): Feindkontakt. Gefechtsberichte aus
Afghanistan. Mittler : Hamburgo.

Brinkmann, Sascha & Hoppe Joachim (2010): Generation
Einsatz. Fallschirmjäger berichten ihre Erfahrungen aus
Afghanistan. Miles: Berlin.

Bohnert, Marcel (2019): Die deutsche Bundeswehr und der
Einsatz in Afghanistan. Ein kritischer Blick auf die Bewährung
der Inneren Führung. Österreichische Militärische Zeitschrift,
pags. 291-299.

Bohnert, Marcel (2015): COIN an der Basis. Zur Umsetzung des Konzeptes in einer Kampfkompanie der Task Force Kunduz, in: R. Schroeder / S. Hansen (editores): Stabilisierungseinsätze als gesamtstaatliche Aufgabe Erfahrungen und Lehren aus dem deutschen Afghanistaneinsatz zwischen Staatsaufbau und Aufstandsbewältigung (COIN). Nomos : Baden-Baden, pags. 245-258.

Bohnert, Marcel (2014a): Feinde in den eigenen Reihen. Zur Problematik von Innentätern in Afghanistan. If. Zeitschrift für Innere Führung, 2, pags. 5-12.

Bohnert, Marcel (2014b): Wächter aus der Luft. Drohnen als Schutzpatrone deutscher Bodentruppen in Afghanistan, in: U. Hartmann / C.v. Rosen (editores): Jahrbuch Innere Führung 2014. Drohnen, Roboter und Cyborgs. Der Soldat im Angesicht neuer Militärtechnologien. Berlin: Miles, pags. 19-34.

Bohnert, Marcel (2014c): Warum ich Soldat bleibe. Loyal – Magazin für Sicherheitspolitik, 10, pags. 24-26.

Bohnert, Marcel (2014d): Zur Notwendigkeit lagebezogener Einsatzregeln für Soldatinnen und Soldaten in Auslandsmissionen, in : F. Forster / S. Vugrin / L. Wessendorff (editores) : Das Zeitalter der Einsatzarmee. Herausforderungen für Recht und Ethik. Berlin: Berliner Wissenschafts-Verlag, pags. 131-140.

Bohnert, Marcel (2013a): Armee in zwei Welten, in : M. Böcker / L. Kempf / F. Springer (editores) : Soldatentum. Auf der Suche nach Identität und Berufung der Bundeswehr heute. Olzog : München, pags. 75-89.

Bohnert, Marcel (2013b): Die Multiformträger. Anmerkungen zur Anzugordnung in Afghanistan. Der Panzergrenadier, 34, pags. 35-37.

Bohnert, Marcel (2012a): 200 Tage Task Force Kunduz. Einsatzverlauf in der 2. Infanteriekompanie. Der Panzergrenadier, 33, pags. 67-75.

Bohnert, Marcel (2012b): Gemischte Patrouille in Kunduz. Ein schweißtreibender Auftrag. Pioniere – Magazin der Pioniertruppe und des Bundes Deutscher Pioniere, 6, pags. 14-16.

Bohnert, Marcel (2012c): Von Kunduz nach Munster. Einsatzresümee der 2. Kompanie. Der Panzergrenadier, 32, pags. 64-66.

Bohnert, Marcel, Dohmeyer, Floris & Schröder, Friedrich (2011): Aufstellung und Ausbildung einer Infanteriekompanie für die Task Force Kunduz. Der Panzergrenadier, 29, pags. 61-65.

Bohnert, Marcel & Schröder, Friedrich (2011): Ein Einsatz, zwei Welten. Drinnies und Draußies in Afghanistan. Zu gleich – Zeitschrift der Artillerietruppe. 2, pags. 6-9.

Bohnert, Marcel (2011): In der heißen Zone. Die ersten Monate der 2. Infanteriekompanie im Kunduz. Der Panzergrenadier, 30, pags. 37-42.

Brügner, Gunnar, Grohmann, Hans-Christoph & Hecht, Jan (2010): Schützenpanzer Marder 1A5: Erfahrungen aus dem Einsatz. Strategie & Technik, 6, pags. 51-64.

Buske, Rainer (2016): Anforderungen an den militärischen Führer im Einsatz, in: M. Bohnert / B. Schreiber (editores) : Die unsichtbaren Veteranen. Kriegsheimkehrer in der deutschen Gesellschaft. Miles : Berlin, pags. 59-70.

Buske, Rainer (2015): Kunduz. Ein Erlebnisbericht über einen militärischen Einsatz der Bundeswehr in Afghanistan im Jahre 2008. Miles: Berlin.

Chauvistré, Eric & Bangert, Christoph (2012) : Auf Montage. NEON, 1, pags. 20-30.

Cihar, Jan (2010): Die 2./PzGrenBtl 122 im Einsatz als 2./Infanteriekompanie PRT Kunduz. Der Panzergrenadier, 28, pags. 77-79.

Clair, Johannes (2012): Vier Tage im November. Mein Kampfeinsatz in Afghanistan. Econ: Berlin.

Clair, Johannes (2014): Geleitwort, in: M. Bohnert / L.J. Reitstetter (editores) : Armee im Aufbruch. Zur Gedankenwelt junger Offiziere in den Kampftruppen der Bundeswehr. Miles: Berlin, pags. 13-14.

Demmer, Ulrike, Gebauer, Matthias & Goetz, John (2010): Faustgroße Löcher. Der Spiegel, 22, p. 43.

Düe, Nadine & Forster, Fabian (editores) (2018): Auch. Wir. Dienten. Deutschland. Über die Zusammenarbeit mit afghanischen Ortskräften während des ISAF-Einsatzes. Bundeszentrale für Politische Bildung: Berlin.

Egleder, Julia & Bohnert, Marcel (2023): Deutschlands Veteranen. (Über-)Leben nach dem Einsatz. Mittler: Hamburgo.

Friederichs, Hauke (2011): Die Kämpfer schimpfen auf die Lagerbürokraten. Die Zeit, 04-02-2011.

Gambarini, Maurizio (2011): Hoffnung für Afghanistan. Bundeswehr aktuell, 19-11-2011, pag. 11.

Grohmann, Hans-Christoph (2011): Führung im Gefecht. Erfahrungen und Gedanken zur Verantwortung und Belastung des militärischen Führers. Der Infanterist, 29, pags. 21-27.

Hartmann, Christian & Götz, Markus (2021): „Hier ist Krieg". Afghanistan-Tagebuch 2010. Vandenhoeck & Ruprecht: Göttingen.

Hecht, Jan (2013): Das Wertvollste an der Front. Loyal – Magazin für Sicherheitspolitik, 3, pags. 12-15.

Hilmes, Rolf (2011): 40 Jahre Schützenpanzer Marder. Strategie & Technik, 5, pags. 21-24.

Holz, Nicolas (2010): Die verstärkte 2./Quick Reaction Force 4 in Kunduz. Der Infanterist, 28, pags. 28-32.

Janke, Ralf (2012): Erprobung und Abnahme Raumkühlanlage SPz Marder 1A5. Erprobungsbericht / Abschlussbericht. BAAINBw/WTD41: Trier.

Janke, Ralf (2010): Überprüfung Multispektrale Tarnabdeckung SPz Marder 1A5. Erprobungsbericht / Abschlussbericht. BAAINBw/WTD41: Trier.

Krüger, Thomas (2010): Vom Kampf in Kunduz. Y – Magazin der Bundeswehr, 4, pags. 68-70.

Lindemann, Marc (2015): Rückblick auf einen Krieg. Y – Magazin der Bundeswehr, 2, pags. 26-33.

Mann, Robert Clifford (2014): German Warriors, in: M. Daxner (editor) : Deutschland in Afghanistan. BIS : Oldenburg, pags. 139-153.

Matz, Michael (2011): Jägerregiment 1. Im Einsatz als Quick Reaction Force RC North. Strategie & Technik, 1, pags. 20-24.

Münch, Philipp (2015): Die Bundeswehr in Afghanistan. Militärische Handlungslogik in internationalen Interventionen. Rombach: Freiburg i.Br.

Nowitzki, Manja (2012): Die Angst ist täglicher Begleiter. Schweriner Volkszeitung / Nordkurier, 24-01-2012, pag. 3.

Piener, Michael (2009): Der I. Zug der 4./PzGrenBtl 122 im Einsatz als H-Zug der I. Infanteriekompanie PRT Kunduz. Der Panzergrenadier, 28, pags. 80-83.

Reichelt, Julian & Meyer, Jan (2010): Ruhet in Frieden, Soldaten! Wie Politik und Bundeswehr die Wahrheit über Afghanistan vertuschen. Fackelträger: Colonia.

Reuter, Christoph & Mettelsiefen, Marcel (2010): Foxtrott auf Höhe 432. Stern, 8, pags. 42-49.

Rippl, Jan (2015): Noch lange kein Alteisen. Y – Das Magazin der Bundeswehr, 1, pags. 30-35.

Rogge Ronald & Rippl, Jan (2011): Trügerische Idylle. Y – Das Magazin der Bundeswehr, 11, pags. 28-35.

Schmidt, Michael (2010): Leben am Limit Der Tagesspiegel, 19-12-2010.

Schnitt, Jonathan (2012): Foxtrott 4. Sechs Monate mit deutschen Soldaten in Afghanistan. Bertelsmann: München.

Schreiber, Björn (2015): Zivil-militärische Zusammenarbeit aus der Perspektive eines CIMIC-Truppführers, in: R. Schroeder / S. Hansen (editores): Stabilisierungseinsätze als gesamtstaatliche Aufgabe Erfahrungen und Lehren aus dem deutschen Afghanistaneinsatz zwischen Staatsaufbau und Aufstandsbewältigung (COIN). Nomos: Baden-Baden.

Schreiber, Björn & Bohnert, Marcel (2015): Interkulturelle Kompetenz im Kontext Afghanistans. DVD and video. Helmut Schmidt University / Bundeswehr University Hamburg: Hamburgo.

Schroeder, Robin & Hansen, Stefan (editores)(2015): Stabilisierungseinsätze als gesamtstaatliche Aufgabe Erfahrungen und Lehren aus dem deutschen Afghanistaneinsatz zwischen Staatsaufbau und Aufstandsbewältigung (COIN). Nomos: Baden-Baden.

Schwitalla, Artur (2010): Afghanistan, jetzt weiß ich erst… Gedanken aus meiner Zeit als Kommandeur des Provincial Reconstruction Team Feyzabad. Miles: Berlin.

Seiffert, Anja & Heß, Julius (2012): Afghanistan: Ein Einsatz verändert die Bundeswehr. Erkenntnisse aus dem Einsatz des 22. deutschen ISAF-Kontingents. If. Zeitschrift für Innere Führung, 2, pags. 20-24.

Sedlatzek-Müller, Robert (2012): Soldatenglück. Mein Leben nach dem Überleben. Edel: Hamburgo.

Seliger, Marco (2017): Der kleine Bruder des A400M. Loyal – Magazin für Sicherheitspolitik, 3, pags. 8-19.

Seliger, Marco (2013): Lektionen des Krieges. Loyal – Magazin für Sicherheitspolitik, 5, pags. 14-21.

Seliger, Marco (2011): Bundeswehr in Afghanistan. Manchmal ist das schon ein Scheißjob. Frankfurter Allgemeine Zeitung, 14-02-2011.

Seliger, Marco (2011b): Sterben für Kabul. Aufzeichnungen über einen verdrängten Krieg. Mittler: Hamburgo.

Seliger, Marco (2010a): Das 20-Millimeter-Argument. Loyal – Magazin für Sicherheitspolitik, 7/8, pags. 30-33.

Seliger, Marco (2010b): Vom Kriege. Loyal – Magazin für Sicherheitspolitik, 10, pags. 6-17.

Shea, Neil (2012): Ready for a fight. German soldiers´ Afghan Mission shifts from Reconstruction and Training to Engaging Enemy. Stars and Stripes, 09-01-2012, pags. 16-17.

Spangenberg, André (2011a): Das kleine Wunder von Nawabad. Mitteldeutsche Zeitung, 26-09-2011.

Spangenberg, André (2011b): Omed heißt Hoffnung. Bundeswehr stoppt geplante Taliban-Sommeroffensive in Kundus. dpad, 09/2011.

Weigelt, Julia (2013): Der einsame Kämpfer. Loyal – Magazin für Sicherheitspolitik, 3, p. 6-11.

Weigt, Jürgen (2009): Wie hält man das aus? Beobachtungen aus dem Afghanistan-Einsatz. Österreichische Militärische Zeitschrift, 5, pags. 596-602.

GermanVeteransPublishing

Más
Información

Facebook.com/DerUnsichtbareVeteran

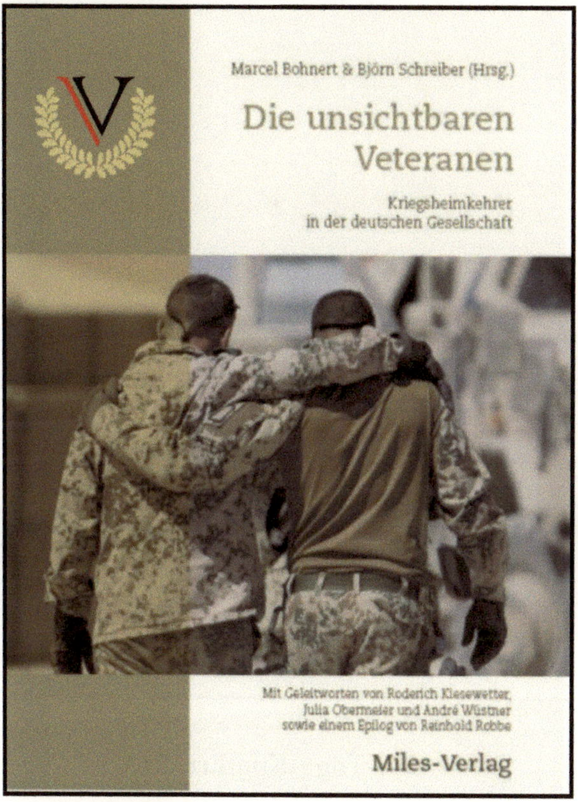

Marcel Bohnert & Björn Schreiber (Hrsg.)

Die unsichtbaren Veteranen

Kriegsheimkehrer
in der deutschen Gesellschaft

Mit Geleitworten von Roderich Kiesewetter,
Julia Obermeier und André Wüstner
sowie einem Epilog von Reinhold Robbe

Miles-Verlag

www.Die-Neuen-Veteranen.wg.vu

Vortrag
Fotopräsentation
Diskussion

HELMUT SCHMIDT
UNIVERSITÄT
Universität der Bundeswehr Hamburg

200 Tage Kunduz –
Erfahrungen einer Kampfkompanie
in Afghanistan

Mittwoch,
05. Dezember 2012
ab 18:30 Uhr
Hörsaal 1

der Helmut-Schmidt-Universität/
Universität der Bundeswehr Hamburg,
Holstenhofweg 85, 22043 Hamburg

Hauptmann Dipl.-Päd. Marcel Bohnert war von Juni 2011 bis Januar 2012 Chef einer Infanteriekompanie in der Task Force Kunduz. Während dieser Zeit war er mit seinen Frauen und Männern verantwortlich für die Sicherheit im Unruhedistrikt Chahar Darreh. In seinem Vortrag gewährt der Referent sehr persönliche Einblicke in den gefährlichen Alltag deutscher Soldatinnen und Soldaten in Kunduz.

www.200-Tage-Kunduz.wg.vu